Dealing with Feeling Series

兒童情緒管理系列⑤

我好興奮
I'M EXCITED

Elizabeth Crary ◆ 著　　Jean Whitney ◆ 繪圖

林玫君 ◆ 譯

譯者簡介

林玫君

現任
國立臺南大學藝術學院院長
國立臺南大學戲劇創作與應用學系專任教授
International Journal of Education & the Arts 戲劇教育主編
Research in Drama Education（SSCI）編輯顧問
台灣戲劇教育與應用學會理事長

學歷
美國亞歷桑那州立大學課程與教學組學前教育博士
美國亞歷桑那州立大學戲劇教育碩士

經歷
國立臺南大學戲劇創作與應用學系創系主任
教育部幼兒園美感及藝術教育扎根計畫主持人
教育部幼托整合國家課綱美感領域主持人
教育部師資培育之大學藝術領域教學研究中心（中學組）設置計畫主持人
國立臺南大學幼兒教育學系教授兼系主任
香港幼兒戲劇教育計畫海外研究顧問
英國 Warwick 大學訪問學者
美國華府 George Mason 大學訪問學者

論文及譯／著作
幼兒美感暨戲劇教育及師資培育等相關論文數十篇及下列書籍：
《兒童戲劇教育之理論與實務》（著作，心理，2017）
《兒童戲劇教育：肢體與聲音口語的創意表現》（著作，復文，2016）
《幼兒園美感教育》（著作，心理，2015）
兒童情緒管理系列（譯作，心理，2003）
兒童問題解決系列（譯作，心理，2003）
兒童自己做決定系列（譯作，心理，2003）
《在幼稚園的感受：進森的一天》（譯作，心理，2002）
《創作性兒童戲劇入門：教室中的表演藝術課程》（編譯，心理，1995）
《創作性兒童戲劇進階：教室中的表演藝術課程》（合譯，心理，2010）
《酷凌行動：應用戲劇手法處理校園霸凌和衝突》（合譯，心理，2007）
《創造性戲劇理論與實務：教室中的行動研究》（著作，心理，2005）

「情緒」是人類與生俱有的本能與特點，它是一種複雜又難以用言語形容的生理反應及心理感覺。無論對大人或兒童而言，如何了解及面對自己的情緒是一件重要的事。多數的人都能接受正面的情緒如快樂、高興、喜悅或驚喜；但許多負面的情緒如生氣、悲傷、害怕或焦慮等反應，卻讓人難以接受。因此，當我們聽到孩子哭的時候，常常急著平撫：「乖乖，不要哭。」再不然，就斥責小孩：「哭什麼哭，有什麼好哭的？」當耐心磨盡時，更會威脅著說：「再哭，我就叫警察來抓你了！」通常孩子會愈哭愈大聲，不然就是被迫停止哭泣，但心中的不解與情緒的震撼，始終未被適當地疏導或解決。勉強壓抑的情緒終究會繼續發生，就像是個不定時炸彈，不知何時又會爆發。

許多負面的情緒常是因著一些生活上的問題或衝突未獲解決而產生。在面對孩子的麻煩時，大人常常以簡化的方式來擺平問題，例如在家中或教室裡，我們常會聽到成人要肇事的孩子以「對不起」、「用說的」、或是「下次不可以這樣」來解決問題。而有些大人則認為，孩子應該學著去解決自己的問題，因此，當衝突發生時，就告訴孩子：「我不管，你們自己去處理。」問題是——大人從來沒有提供任何的引導，孩子怎麼知道他可以如何解決當下發生的問題？

從小就很少有人教導我們如何去面對、接受或處理一些複雜難過的情緒與問題。多數人一直被教導著要「知禮守份」，只要乖乖聽話或用功讀書就好，其他的一概不用管，也不需要學。在生活中，「生氣罵人」是大人的權利；而「害怕」、「哭泣」是小Baby的行為。當生氣難過時，我們已經習慣去壓抑這些大人所認為的「不恰當」反應；而當麻煩出現時，我們也學著去忽略或者簡單處理這一些問題。漸漸地，當我們成為父母、為人師表時，在面對孩子的情緒反應及問題行為的當下，我們也不自覺地運用同樣的方法去壓抑這些負面的情緒及生活中的問題。

在今日瞬息萬變的社會中，孩子更是提前面對各類複雜的情緒與問題。家長與教師在處理這些狀況時，不能再如以往，用逃避或壓抑的態度來面對，他們更需要提供孩子各類的機會去了解自己的情緒且學習如何解決因應而生的問題。本書作者Elizabeth Crary就針對這個部分的需要，提供她個人的專業經驗。作者利用故事情境，為成人及孩子提供一個互動討論的空間。透過故事中的替代經驗，孩子得以發現不同的情緒表達方式與不同的行動所產生的後果。除了直接的討論外，筆者也建議成人利用戲劇扮演的方式來引導幼兒。藉此，幼兒更能深刻體認劇中人物的遭遇，並藉此來探討與自己有關的情緒經驗和社會問題。

林玫君

情緒的處理

為什麼要寫一本與「興奮」有關的書？

許多家長常請我幫忙處理孩子情緒上的問題，或許是因為很多人從小就被教導去忽略自己的感覺，而當他想要以不同的方式來養育自己的孩子時，實在不知道要怎麼辦。

這本書怎麼幫助家長？

《我好興奮》這本書可以幫助孩子接受自己的情緒，且學習如何回應自己的情緒。

這本書示範家長如何運用建構的過程來處理興奮的感覺。它呈現一位家長如何以開放的態度和孩子討論感覺的過程。故事也為幼童提供各種不同的選擇，透過口語、肢體動作、及各種創意的方式，來表達自我的情緒。此外，本書也為一些想要改變自己，來回應孩子情緒的家長，提供正面示範。

要如何使用這本書呢？

如果能夠經常使用本書且時間夠長，它的效果會更好。如果只讀一、兩次，可能不會有太大的改變。但是你可以開始幫助孩子，將書中的故事轉換成現實生活中的真實情況。

▶ 幫助孩子分辨感覺和行動的不同

一起讀這本書，然後讓孩子決定其中的選擇方式，在每一頁的最後，你可以問孩子：「妮妮和小傑現在覺得怎麼樣？」「他們下一步會怎麼做？」接著下一頁會有更多與情緒相關的討論。

▶ 介紹不同的選擇方案

孩子需要不同的方法來處理個別的情緒問題。這個故事提供了九個不一樣的點子。當你讀完書的時候，可問你的孩子：「妮妮和小傑還可以怎麼做？」然後你可以把你孩子的反應寫在最後一頁的想法欄上。

▶ 以這本書為基礎來討論其他的情況

開始時可以討論一些發生在別人身上的事情。要孩子先認出當中的情緒，再討論他們所做的選擇。與孩子談話時，盡量避免用評斷的態度，可以用幫助孩子用收集訊息的角度切入。

例如：有一個來家裡玩的小客人叫心怡，時間到了還不想回家，此時，我們可以問孩子：「該是回家的時候了，而心怡會有什麼感覺？她覺得很難過時，做了什麼事？後來又做了什麼事？」一些可能的回答如：「她不理會爸媽的要求，而且說『不。』」或是「她很不高興，而且不耐煩地說：『好吧。』」

當孩子面對別人的問題，能夠客觀地把感覺和行為分開討論時，你也可以同樣的態度，來討論孩子自己所做過的事情。

Elizabeth Crary
西雅圖／華盛頓

情緒和父母親的角色

　　身為一位老師或家長，你的角色就是要幫助孩子了解和處理自己的情緒問題。孩子的情緒需要得到認可；同時，他們也需要得到一些和情緒有關的訊息，及如何處理這些問題的方法。下面將一一說明：

————————

一、發展一套描述情緒的字彙

　　有時候孩子會為一些強烈的情緒所困擾。若想深入了解，最簡單的方式，就是開始為這些「情緒」命名。例如：

- 分享你的感覺：「我覺得很沮喪，因為我不小心把咖啡倒在地板上。」
- 跟孩子們一起閱讀與情緒有關的書，如本系列相關的書。
- 觀察他人的情緒，例如：「我打賭，他一定會以他得到 A$^+$ 的成績自豪。」

　　此外，為孩子介紹用不同的語彙，來表達一些相關的情緒和感覺，例如：發火、生氣、惱怒、不安等字眼。

二、幫助孩子分辨情緒和行動的差別

　　了解情緒並沒有好壞之別。「感覺生氣」並不表示「好」或「不好」。但是「打人」卻是一種行為，「打人」就是不能被接受的。你可以說：「你生氣沒有關係，但是我不能讓你打妹妹。」

三、接受且強化孩子自己的情緒

　　大部分的人都已經被訓練成忽略或壓抑自己的情緒，例如女孩子常常被教導：「『生氣』不是女生該有的行為，那很不恰當。」而男孩子就會被教導「不可以哭」。你可以透過傾聽和回應，來認可孩子的任何感覺。單單傾聽就好，不要隨意做判斷，應該把兩件事分開處理。要記得，孩子的感覺是屬於他們自己的。

　　當你回應孩子的感覺時，例如：「你很生氣，因為心怡現在就得回家了！」你並不是想要去解決這個問題，而是透過回應來知會孩子的情緒狀態，進一步幫助他們處理自己的問題。

四、提供孩子多樣處理情緒的方法

　　如果大部分的孩子，能如你所意，用「說」的方式來表達自己的情緒，大人就省掉許多處理兒童情緒的麻煩了。但是孩子需要各式各樣的方式來反映自己的情緒，不論透過聽覺的、肢體的、視覺的、創造的、或者是自我安慰的方式。一旦孩子對各式各樣的情緒表達，有了親身的體驗後，你就可以問問他們喜歡運用哪一種方式。

　　例如：「你現在要生氣嗎？」「還是想要改變你的情緒？」如果你的孩子想要改變，你可以說：「那你要怎麼做呢？我們看看，你可以繞著那些積木跑來跑去，或者是寫一張卡片寄給心怡，或者談談這些感覺，或者讀你最喜歡的故事書。」在你為孩子提供這些不一樣的點子時，讓孩子選擇合乎自己需要的方法。基本上，所有的孩子都需要覺得自己的情緒被認可接受。

五、也請你溫柔地對待自己

　　記得哦，有一些問題很快就能夠被解決，而有些其他的問題，需要花上比較長的時間和反覆的練習。為你的孩子和自己所想要的目標，勾勒出一份長遠的計畫。在過程中可以不斷地提醒自己，你已經做的努力和進步。

妮 妮還有小傑，兩個人乖乖地坐在他們房間。可是這天是他們的生日，實在是很難靜靜地坐在那裡。

每件事都變得很令人興奮，下午的派對會有很多的朋友、禮物、遊戲、食物，實在是讓人耐不住性子啦！

在這個時候，小傑跟他的雙胞胎姊姊抱怨：「我沒耐心了，不想再等了！」

「我也是。」妮妮同意。「我也很興奮耶！如果再不做些什麼事的話，我會很想要跳起來。我們去幫媽媽的忙好了！」她建議，然後他們跑去找媽媽。

「媽媽，我們想要幫忙！」姊弟倆很興奮地說。

「好吧！」媽媽回答。「你們可以幫忙清理浴室。」

妮妮用了清潔劑噴在浴室的鏡子上，小傑負責把它擦掉，妮妮在鏡子上噴了一條線，然後說：「把它擦掉！」當小傑做完的時候，妮妮又噴了另一條更高的一條線，又說：「再把它擦掉。」很快的，整間浴室都是清潔劑。

「妮妮、小傑，快停住，你們現在必須把浴室的牆壁還有鏡子一起擦乾淨。」媽媽說。當他們把浴室都清理完了，妮妮就問媽媽：「那我們現在還可以做什麼呢？」

「如果你們可以靜下心來做事的話，或許可以幫忙做鮪魚三明治，然後媽媽可以繼續烤蛋糕。」媽媽回答。

「好吃喔！好吃喔！好吃喔！」兩個雙胞胎姊弟一面做，一面唸著。他們每做一個三明治，他們會決定要給誰吃那個三明治。「這個三明治是要給琳琳的。」小傑宣稱。「這個是要給爺爺的。」妮妮回應。

「不，我要爺爺的三明治。」小傑反對，他伸手把那個三明治移到他這邊，妮妮把他的手推開，結果他們把裝內餡材料的碗打破

了，而且碗裡的鮪魚全部灑在地上，媽媽瞪著兩姊弟：「你們可不可以靜一下啊？」她警告他們：「不然你們會把下午的派對給搞砸了，你們如果真的很想幫忙，乾脆回到自己的房間去！」

「好吧！」他們無趣地回到他們的房間。

當他們同時跳上自己的床時，妮妮埋怨地說：「真是的，當生日到的時候，實在是很難乖乖的。」

小傑也附和著說：「對呀！」然後他想到下午就有生日派對，又開始興奮起來。「姊姊，你想媽媽會在蛋糕上放什麼口味的糖霜呢？」

「我希望是巧克力！我們去問媽媽好不好？」妮妮建議的說。「如果我們好好地問，她應該不會介意吧？」

媽媽這個時候正將糖霜倒在生日蛋糕上，當妮妮和小傑走到的時候，「好棒喔！是巧克力耶！」兩人又很興奮地喊著：「巧克力、巧克力。」他們不斷地跳上跳下，繞著媽媽；就在這個時候，小傑滑了一下，兩個雙胞胎姊弟都撞到媽媽身上，然後媽媽手上的蛋糕就掉到洗碗槽裡去了。

媽媽很火大地說：「我真不敢相信會發生這種事情！」

妮妮還有小傑瞪著那個掉下去的蛋糕：「我們不是故意的。」妮妮開始小聲地啜泣，小傑也非常難過地要求：「媽媽，妳可不可以把蛋糕修好。」

10

「我不知道！小傑，但我會盡力做的，有一些部分應該可以補救，到時候可能要把蠟燭插在三明治上或是冰淇淋上面了。」

「媽媽妳一定要把它修好啊！」小傑拜託媽媽。

「我到底要拿你們兩個怎麼辦？」媽媽疑惑的說。「我需要專心地工作，可是你們兩個有太多的體力，你們太興奮了，你們應該利用多餘的精力做一些有意義的事，可以怎麼做呢？」

「我不知道呀！」妮妮回答，並看看她的雙胞胎弟弟。

「你們想不想聽聽我的建議呢？」他們點點頭。

「我想到五件你們可以做的事情，」媽媽說：「你們可以——

玩一些動態的遊戲 ⋯⋯⋯⋯⋯⋯⋯⋯⋯⋯ 第14頁
跟爺爺講電話 ⋯⋯⋯⋯⋯⋯⋯⋯⋯⋯⋯⋯ 第18頁
幫忙做餐墊 ⋯⋯⋯⋯⋯⋯⋯⋯⋯⋯⋯⋯⋯ 第24頁
跟泰迪熊一起野餐 ⋯⋯⋯⋯⋯⋯⋯⋯⋯⋯ 第26頁
玩一個安靜的遊戲 ⋯⋯⋯⋯⋯⋯⋯⋯⋯⋯ 第28頁

這裡有很多的方法呀！你們想試試看哪一個呢？」

你想妮妮和小傑會先試試看哪一個呢？

請翻到孩子所選的那個頁數上，如果沒有選擇任何方法，請翻到下一頁。

13

玩一些動態的遊戲

「我們來玩鬼抓人的遊戲。」小傑說。

妮妮看到媽媽不太高興。「好吧，我們到外面去玩。」

他們拿著外套就跑到外面去了，小傑跟姊姊說：「妳是鬼，妳要當鬼。」

「才不呢！我才不要當鬼呢，應該是你當鬼。」玩了一會兒，妮妮實在是很厭倦再跑來跑去。她就坐在地上休息說：「我不想再玩了，好累喔！」

「我也是。」小傑贊成。

妮妮建議：「我們去打電話給爺爺吧！」

在此同時，小傑也說：「我們可以來蓋一座城堡呀！」

你想妮妮和小傑會先試試看哪一個呢？
蓋一座生日城堡 第16頁
跟爺爺講電話 第18頁

蓋一座生日城堡

「媽，我們想要蓋一座城堡可以嗎？」妮妮問。

「你們只要留在房間裡，我沒有什麼意見。」媽媽回答。

他們很快地跑回房間，妮妮命令小傑說：「你快點把被單拿來，我去搬一張椅子來。」

很快的，他們建立起一座堡壘，他們在堡壘裡喧鬧，這個時候爸爸聽到噪音，過來看看到底發生什麼事：「你們在幹嘛呀？」

「這是我們的生日城堡啊，只有今天生日的人才能進來。」妮妮回答。

「等一下如果你們不想玩城堡，可以來幫我們的客人做餐墊。」爸爸離開的時候說。

妮妮和小傑接下來會做什麼呢？

跟爺爺講電話 ⋯⋯⋯⋯⋯⋯⋯⋯⋯⋯⋯⋯⋯ 第18頁

幫忙做餐墊 ⋯⋯⋯⋯⋯⋯⋯⋯⋯⋯⋯⋯⋯⋯ 第24頁

17

跟爺爺講電話

「媽，妳可不可以幫我們打電話給爺爺？」小傑和妮妮一起問媽媽，然後就等媽媽幫他們撥電話。

他們拿著聽筒夾在他們的中間，所以他們可以同時聽到爺爺的聲音：「你們兩個小鬼頭今天做了些什麼事呀？」爺爺問他們。

「一直等呀！」雙胞胎有氣無力地回答。「爺爺，你小時候等自己的生日派對時，也會變得很興奮嗎？」

「當然啦！誰不是這樣子的呢？」他回答。

「但是你會不會因為太興奮而造成很多的麻煩呢？」妮妮問他。

「有時候也會呀！」爺爺說。「但是我會學著去避免這些麻煩、製造這些麻煩。」

「你是怎麼做才不會製造那麼多的麻煩呢？」小傑問。

「如果天氣好的話，我會到外面去跑一跑，有時候外面有太多的雪，我沒有辦法出門，我就會自己寫一些好笑的短詩。或者當我很興奮的時候，我就會想像，我是在一個很安靜的地方，然後我會讓我身上所有多餘的精力慢慢散開。」

你覺得妮妮和小傑接下來會做什麼呢？

編一首好笑的詩 ⋯⋯⋯⋯⋯⋯⋯⋯⋯⋯⋯⋯⋯⋯⋯⋯⋯⋯⋯ 第20頁

找一個安靜的地方 ⋯⋯⋯⋯⋯⋯⋯⋯⋯⋯⋯⋯⋯⋯⋯⋯ 第22頁

編一首好笑的詩

「我們乾脆一起編一首像爺爺說的好笑的詩吧！」小傑回答。

「生日，生日，快點來……」妮妮開始這麼寫。

「……如果你不來，我就會完蛋。」小傑就這樣完成一首小詩。

他們兩個笑成一團，然後妮妮就說：「你是個完蛋鬼嗎？」

「我才不是呢！是妳啦！」他說著，然後跟姊姊做一個鬼臉，他們又繼續笑，「我們再試試看吧！我先開始。」

「生日，生日，真難等，」小傑開始說。

「生日，生日，別遲到。」妮妮繼續加上去。

「我們可以找到事情做……」小傑停了一會，

「當我們等你的時候。」妮妮把這一首詩結束。

「嗯……真不錯，我們再多做幾首好不好？」小傑說。

「我們可以跑，我們可以唱……」小傑開始說。

「……我們什麼事都可以做。」妮妮又加上去。

「我們去告訴爸爸我們的詩。」小傑建議，妮妮點點頭，然後他們就跑去找爸爸。

你想妮妮和小傑接下來會怎麼做呢？

幫忙做餐墊 ⋯⋯⋯⋯⋯⋯⋯⋯⋯⋯⋯⋯⋯⋯⋯⋯⋯ 第24頁

玩一個安靜的遊戲 ⋯⋯⋯⋯⋯⋯⋯⋯⋯⋯⋯⋯⋯⋯ 第28頁

找一個安靜的地方

「爺爺，你怎麼找到一個安靜的地方？」小傑問。

「當我還是一個小男孩，那時我們住在鄉下，我如果需要讓我自己安靜下來，我會去我們家附近的一條小小的溪流，聽聽水流過石頭發出的聲音。

可是後來我們搬到城市，我發現我可以不用去找小溪，可以直接就坐在一個安靜的地方，回想以前聽過小溪的聲音，一樣可以放鬆，使精力慢慢流掉。」

「但是爺爺……」妮妮打斷他的話：「你是怎麼做的呢？」

「我會讓自己躺在沙發，很放鬆的，讓我自己很舒服，然後我會想像身上的精力，一點一點從我的手指尖慢慢流掉。」

「你有每天這麼做嗎？」妮妮問他。

「當然啦！妳先找一個舒服的位置，然後想像妳在沙灘或是在妳很喜歡的地方，然後妳全身的肌肉就會開始放鬆，非常輕鬆地躺在地板上。」

「嗯……好棒。」他們試了爺爺的方法，躺在舒服的位置上。

當他們兩個還很放鬆的時候，媽媽走進來了，媽媽說：「該換衣服啦！去幫我擺桌子吧！」

（請翻到第30頁。）

幫忙做餐墊

「媽媽，我們想要做餐墊。」妮妮宣稱。「妳可以教我們怎麼開始嗎？」

媽媽拿出一些棕色的紙袋子，還有剪刀，然後還有一些做記號的筆，她把紙袋子的底部剪開來，又剪了一個小小的洞，再來她把那張紙切成了兩片，就變成了他們的餐墊。

「當你們做完這個餐墊的時候，你們可以在邊緣上畫一些圖案或是剪一些圖片，像這個樣子。」媽媽說。當她秀給妮妮和小傑看的時候說：「你們可以轉來轉去，或者是把它剪成三角形邊緣的形狀。」

又說：「在剪完之後，你們可以在上面做一些裝飾，然後把每個人的名字放上去，你們看，這裡是所有人的名字。如果你們有任何問題的話，可以問我。」

「你剪，然後我來裝飾。」妮妮跟弟弟建議。

兩個雙胞胎一會兒的功夫就把他們做好的餐墊拿給媽媽看：「媽媽妳看。」妮妮說。「我們為每個人都做了一個。」

你想妮妮和小傑現在會做什麼事呢？

跟泰迪熊一起野餐 ————————————— 第26頁

玩一個安靜的遊戲 ————————————— 第28頁

跟泰迪熊一起野餐

「讓泰迪熊參加我們生日宴會的野餐吧！」妮妮興奮地說。「你可以幫它做禮物，我可以幫它做衣服。」

「不知道泰迪熊喜歡什麼禮物？」小傑一直想一直想，最後他決定：「嗯，它或許會喜歡小車子、還有小塑膠玩具吧！」他用一些色紙做一些小的玩具給泰迪熊。

妮妮把她的娃娃的衣服拿出來，給泰迪熊穿衣服，「嗯……這件太小了。」她把所有的娃娃衣服都擺出來，發現衣服都太小了，妮妮哀怨地說：「我可以做什麼呢？我希望我的熊熊可以穿正式的禮服去參加派對，可是那些衣服都太小了。」

小傑想了一會兒然後說：「妳可以幫它做派對的帽子呀？妳可以用我的紙做。」

「謝謝你。」妮妮回答，她開始做一些帽子。

當他們做完的時候，他們跟熊熊一起在房間跳舞，唱生日快樂歌。

你覺得接下來妮妮和小傑會做什麼呢？

蓋一座生日城堡 ⋯⋯⋯⋯⋯⋯⋯⋯⋯⋯⋯⋯⋯⋯⋯⋯⋯⋯ 第16頁

玩一個安靜的遊戲 ⋯⋯⋯⋯⋯⋯⋯⋯⋯⋯⋯⋯⋯⋯⋯⋯ 第28頁

玩一個安靜的遊戲

妮妮和小傑決定玩一個遊戲。

「我們應該玩什麼呢？」小傑回答。

「我不想玩鬼抓人的遊戲，還有，如果我們在臥室外面玩躲貓貓的話，媽媽會很生氣。」妮妮說。

「媽！」小傑大聲地喊。「媽媽，我們可以玩什麼呢？」

媽媽想了一會兒然後說：「或許你們可以玩中國跳棋、大富翁，還是玩撿棍子的遊戲？」

「撿棍子！」妮妮和小傑兩個很興奮地一起說。

雙胞胎跑到樓下去把他們的玩具拿出來，他們兩個趴在地上，小傑把所有棍子倒出來。「妳先走。」他提議。

他們兩個輪流把那些棍子從那一堆當中一個一個慢慢地拉出來。

當他們開始厭倦那個遊戲的時候，媽媽就進來了，她說：「很高興你們玩一些好玩的遊戲，發洩多餘的精力，現在該是換上你們的禮服，布置好餐桌，等客人的時候了。」

（請翻到第30頁。）

幫媽媽忙

「謝謝你們來得這麼快。」媽媽說。「請你們把這一些餐墊放上去，然後為每一個客人擺上盤子、杯子、湯匙和餐巾紙。當你們做完的時候，我會把食物放上來，然後我們就可以準備開始了。」

談到食物，讓妮妮想起了剛剛那個蛋糕，她皺起了眉頭，因為想著那個已經壞掉的蛋糕：「我真希望我們沒有把那個蛋糕弄壞。」她小聲地跟她弟弟說，小傑也點點頭。

這對雙胞胎盡量把他們的事情很快都做完。他們把桌子全部都準備好，而且把它排成兩排，小傑把餐墊放在桌上，妮妮就在每一個餐墊上面放了一個盤子，然後小傑在每一個位子放了杯子還有湯匙，同時妮妮把餐巾紙折好，放在每一個盤子的上面。

兩個雙胞胎一起大聲的說：「我們做好囉！」

「嗯！做的很好。」媽媽說。當她從廚房往外瞧一瞧的時候說：「嗯！做的很好，現在我有一個驚喜給你們。很幸運的，剛才我在我們的蛋糕上加了更多的糖霜。」她走進了餐廳，然後手上拿著一個非常漂亮的巧克力蛋糕。

妮妮還有小傑很快樂地一起喊著：「太棒了，媽媽！」

（結束）

想法欄

妮妮和小傑的想法

- ✔ 玩一些動態的遊戲
- ✔ 蓋一座生日城堡
- ✔ 跟爺爺講電話
- ✔ 編一首好笑的詩
- ✔ 找一個安靜的地方
- ✔ 幫忙做餐墊
- ✔ 跟泰迪熊一起野餐
- ✔ 玩一個安靜的遊戲
- ✔ 幫媽媽忙

你的想法

- ✎ _____
- ✎ _____
- ✎ _____
- ✎ _____
- ✎ _____
- ✎ _____
- ✎ _____
- ✎ _____
- ✎ _____
- ✎ _____
- ✎ _____
- ✎ _____
- ✎ _____
- ✎ _____
- ✎ _____
- ✎ _____
- ✎ _____

兒童情緒管理系列 52010

我好興奮

作　　者：Elizabeth Crary
插　　畫：Jean Whitney
譯　　者：林玫君
總 編 輯：林敬堯
發 行 人：洪有義
出 版 者：心理出版社股份有限公司
地　　址：231 新北市新店區光明街 288 號 7 樓
電　　話：(02) 29150566
傳　　真：(02) 29152928
郵撥帳號：19293172　心理出版社股份有限公司
網　　址：http://www.psy.com.tw
電子信箱：psychoco@ms15.hinet.net
駐美代表：Lisa Wu（lisawu99@optonline.net）
排 版 者：博創印藝文化事業有限公司
印 刷 者：博創印藝文化事業有限公司
初版一刷：2003 年 1 月
初版十三刷：2019 年 5 月
I S B N：978-957-702-549-4（全套）
定　　價：新台幣 650 元（全套六冊，不分售）

解決社會問題……

兒童問題解決系列 教導兒童思考他們所遇到的問題。每個互動性的故事可讓讀者選擇主角的行動，並且知道結果為何。適用年齡為三至八歲。

本系列由 Elizabeth Crary 撰寫，Marina Megale 繪圖，林玫君翻譯。

52021 美美和咪咪都想玩小貨車

52022 小珍不喜歡被小迪叫笨蛋

52023 宗凱不想一個人玩，他想和別人一起玩

52024 修文的媽媽準備要出門，他感到難過又害怕

52025 琪美正在玩跳跳床，小志也想玩，他等不及了！

52026 佳佳和爸爸在動物園走失了，她很擔心找不到爸爸

應付強烈的情緒……

兒童情緒解決系列　介紹六種強烈的情緒。孩子可以從書中發現安全且具有創造性的方式來表達這些情緒。每個互動性的故事可讓讀者選擇主角的行動，並且知道結果為何。適用年齡為三至九歲。

本系列由 Elizabeth Crary 撰寫，Jean Whitney 繪圖，林玫君翻譯。

52011 我好生氣

52012 我好沮喪

52013 我好得意

52014 我好害怕

52015 我好興奮

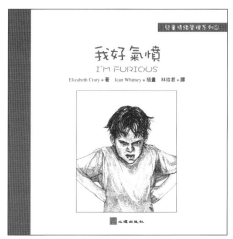

52016 我好氣憤

解決人際關係的困擾……

兒童自己做決定系列　教導兒童去思考他們和其他兒童相處時可能遇到的問題。每個互動性的故事都可讓讀者選擇主角的行動，並且知道結果為何。適用年齡為五至十歲。本系列由 Elizabeth Crary 撰寫，Susan Avishai 繪圖，林玫君翻譯。

52031　有人偷了心怡的醃黃瓜，她該怎麼辦呢？

52032　小威需要安靜，他的妹妹想要玩——現在，他該怎麼辦？

52033　芳芳的一個同學總是從她頭上搶走她的帽子，她該怎麼辦？

52005　在幼稚園的感受：進森的一天

　　讓我們跟著進森走入他的幼稚園，去體驗一個四歲大的孩子，在學校一天生活中可能發生的狀況與感受，包含生氣、驕傲、及各種複雜的心情。透過老師的幫忙，進森慢慢練習用言語來表達他的感受。老師可以試著拿進森的例子和幼兒討論他們的感覺。在學前的階段，如何妥善表達及處理自己的感覺是非常重要的學習經驗。

　　本書由 Susan Conlin 與 Susan Levine Friedman 撰寫，M. Kathryn Smith 繪圖，林玫君翻譯。